MOTS D'ESPRITS

DAMIEN KHERES

MOTS D'ESPRITS

poésie

EDITIONS BOD

© 2010 Damien Khérès
Edition : Books on Demand GmbH
12/14 rond-point des Champs Elysées
75008 Paris, France.
Dépôt légal : mars 2010
ISBN : 978-2-810-60428-9

Couverture : Jean-Christophe Courte

À mon grand-père...

"J'ai accompli de délicieux voyages, embarqué sur un mot..."

Honoré de Balzac

En divaguant longuement au firmament
Je me suis dit vaguement que c'était le moment
A triturer les lettres avec des litres de pensées
Je trouverai peut-être un titre à mes idées

« Mots d'esprits »

Voilà enfin un nom digne de ce nom
Brisant les non-dits de ma lente réflexion
L'expression costumée formée de ces mots équivoques
S'avère résumer l'expression que ce livre évoque

« Mots d'esprits »

De modestes vers épris de sentiments divers
Parmi des airs de jeux sonores
Des mots à nu et parfois des maux d'esprits ouverts
Mais aussi des mots d'esprit, encore

En divaguant longuement au firmament
J'ai médit vaguement le bon moment
A triturer les lettres avec des litres de pensées
J'ai enfin pu mettre un titre à mes idées

Voici mes « Mots d'esprits »…

SOMMAIRE

Ode à mon grand-père	15
Le magicien dose	18
Musiques des lettres	19
Tours de passe	21
La colère est une intempérie	24
A corps et à cri	25
Le vieil homme et l'amer	27
Les 4 éléments	29
Contrepoids	32
Entre chats et chiens	33
Réflexions temporelles	35
Zapping	37
Inconsistance et consistance	40
Peine perdue	41
Sottise	42
Malaise géométrique	43
Troubles	44
Fragile adolescence	45
Les adultes errent	48
L'un et l'autre	49
Brèves de comptoir	51
L'expatrié	53
Mascarades	56
Une affaire de chat	57
Première rencontre	59
Mots doux	61
Des hauts et débat	64
Introspection	65

Allitérations contre nature..66
Paranoïa..67
Tercets homophones..69
Shopping amoureux..71
Ego système..73
Injustices...75
Désespoir égocentrique..77
Voyage, voyages..78
Sans ailes et sans île..79
Variations...81
Menteur invétéré..85
Plonge...86

Mots d'esprits

ODE À MON GRAND-PÈRE

J'ai retrouvé il y a quelque temps un texte sur papy que petit j'avais fait
Le sujet de la rédaction avait été de dépeindre une personne que j'admirais
Aujourd'hui si le contexte n'est plus du tout le même
Le sentiment d'admiration en reste le principal thème

Mon grand-père était un artiste sachant tout faire de ses mains
Un joyeux fantaisiste au talent peu commun
Le bricolage pour lui était un don, qu'il exerçait avec passion
Dommage que je n'en ai pas hérité, avec ma copine ça aurait sûrement fait sensation

Petit, je croyais que son atelier était un lieu mystique, un endroit plein de magie
Je me demandai comment ces bouts de métaux en ressortaient forgés avec une telle poésie
J'en ai passé des moments au milieu de ses outils à le regarder travailler
Témoin de sa dextérité, je l'observais et m'y faisais discret

Le dessin et l'écriture étaient aussi des disciplines dont il était très habile
J'avais l'impression que pour lui tout était si facile
Une aisance spontanée au service d'un savoir impressionnant
Moi, ça me forçait le respect et me rendait fier d'être son petit-enfant

Damien Khérès

Je l'aimais et l'admirais, sans aller jusqu'à le comparer à Superman
Mais c'était un super-héros dans son genre que j'appellerai plutôt « Mélomane »
Car la musique faisait aussi partie intégrante de sa vie, il n'aurait pas pu s'en passer
Je le revois chanter, danser et jouer d'instruments qui n'avaient pour lui plus aucun secret

Il émanait de lui une sorte de bien-être contagieux
Une certaine joie de vivre qui faisant qu'en sa proximité je me sentais souvent mieux
Dans le cirque de mon esprit, je le voyais comme un clown auteur d'un spectacle permanent
Il me faisait bien rire même si ses blagues manquaient parfois de renouvellement
Tous les instants passés à ses côtés étaient de vrais moments de bonheur
Il était animé d'une constante jovialité, je crois même que je l'ai jamais vu de mauvaise humeur

Je me suis creusé la tête à essayer d'exprimer des anecdotes inédites,
Des histoires croustillantes avec lui qui mériteraient que je les cite
Mes souvenirs en sont truffés, j'aurais beaucoup de mal à faire un choix
Mais j'ai surtout peur de mal les raconter, il l'aurait sûrement fait mieux que moi

Même si à la fin de sa vie il a souffert de ne plus pouvoir en profiter pleinement
Loin de sa réalité car contraint de rester alité

Mots d'esprits

Je garde de lui l'image d'un homme au grand cœur qui vivait gaiement
Un artiste accompli animé d'une grande vitalité

Papy, il est temps aujourd'hui de te dire adieu et de rendre hommage à ton existence
Le temps pour moi de réaliser que tu as vécu ta dernière danse
Ce sera dur pour tout le monde, mais ne t'inquiète pas papy, je prendrai soin de mamy
Et si tu n'es plus parmi nous, sache que tu resteras vivant en moi, sans jamais tomber dans l'oubli
Adieu Papy...

Damien Khérès

LE MAGICIEN DOSE

C'est l'histoire d'une fille qui aime la musique et qui compose
Qui vit l'amour et le voit rose
Et un jour son cœur explose
Elle implose

C'est l'histoire d'une fille un peu trop fragile je suppose
Alors un jour elle cède à ce qu'on lui propose
Un homme lui offre une simple dose
Elle ose

C'est l'histoire d'une fille qu'on aimait qu'elle compose
Qui ne vit plus et se décompose
Et un jour son cœur explose
Elle implose

C'est l'histoire d'une fille bouleversée par une noble cause
Où l'homme propose, la femme dispose
Le drame s'impose, une fin morose
L'affaire est close

Aujourd'hui encore tant d'ecchymoses
Bafoués dans un silence poudré que le crime ose

MUSIQUES DES LETTRES

Lorsque les idées s'invitent à la danse
D'une profonde inspiration,
Les écrits naissent des incidences
De diverses émotions.
Ainsi dansent les lettres
Au gré d'une volonté capricieuse
Qu'une muse s'amuse à émettre
Dans des notes silencieuses.

Le ballet des mots écarte toute coïncidence
Comme un opéra synchronisé.
L'esprit balaie les pensées et cherche les évidences,
Il est dense et opère à trouver.

Alors je cherche…
Je cherche les concordances
Afin que les accords dansent.
Je cherche et dans ma tête ça jase et ça tournoie
Dans des rythmes effrénés au son du corps
Ça s'emballe et les pensées tanguent haut sur un air de samba
Que je ne peux réfréner, non pas encore.
Encore quelques mesures d'une quête linguistique,
D'une effusion de mots diffusant sa musique.

Les liaisons résonnent au diapason,
Me raisonnent et traversent les cloisons
Des raisons monotones.
Les consonnes et les voyelles foisonnent,
S'emmêlent et détonnent

Damien Khérès

A l'horizon d'une saison nouvelle
Où les sons se mêlent
Dans des prisons qu'on sonne
Pour qu'enfin les sons s'assaisonnent
Au rythme de rimes faites maison.

La sémantique s'agite à la cadence d'un métronome,
J'ai l'impudique impression que je mastique du swing-gum
A valser et virevolter ainsi,
Les lettres me donnent le tournis.
Enivré, mais qu'on ne s'y trompe pas, je ne vivrai pas bourré
Dans un pas de bourrée, il faut que je m'assoie, vite un tabouret.
Sans buter sur un roc qui me ferait perdre le fil,
Je poursuis mes notes tant qu l'encre défile.

Aussi longtemps que je m'écouterai penser,
Je jouerai des mots en les faisant sonnets
Car quoi qu'on en dise, la musicalité des lettres
Fait simplement appel à la musique innée de l'être.

Mots d'esprits

TOURS DE PASSE

Je la croise souvent marchant sur le trottoir d'en face
La mine triste, l'esprit tracassé par quelque chose qui la dépasse
J'ai beau la voir passer tous les jours et jamais rien n'se passe
Permettez-moi de percer au grand jour sa carapace

À déjà la trentaine, pour ne pas dire qu'elle s'approche de la quarantaine,
Elle ne se sent pas à sa place et a l'impression de vivre sa vie en quarantaine
L'instinct maternel perturbe fortement cette femme célibataire
Elle désespère de ne trouver le père qui la guérira de son mal de mère

D'une nature peu coquette, elle a fait pourtant des efforts esthétiques
Pour ne pas finir seule, elle s'est même lancé des défis diététiques
Elle a laissé tombé depuis longtemps le mythe du prince charmant
Elle sait néanmoins qu'il faut vite qu'elle se trouve un bon amant

Ses rêves d'enfant où elle se voyait mariée à un être d'exception
Se sont évanouis avec le temps et son expérience de la vie
Pour laisser place à une toute autre idée de la relation
Où chacun apprend seulement à respecter ses envies
Elle se souvient être passée par des périodes de doute

Damien Khérès

Où elle voyait des hommes au compte goutte
Contre toute attente, telle une fille de joie faisant des passes
Face à des magiciens qui par des tours de passe-passe
Disparaissent, puis s'effacent et se remplacent
Et du lot, pas un seul ne dépasse
Pourtant, elle fait ce qu'elle peut et se surpasse pour tout
A la recherche de son bonheur, il lui manque un passe-partout
Celui qui lui ouvrirait les portes de son palais de glace
Et la libérerait d'un poids qui encombre son espace

Des visions traversent son esprit
Un profond désir de famille étouffé par un lourd célibat
L'idée passe et repasse
Provoquant des humeurs en dents de scie
L'idée passe et repasse
Un petit tour et puis s'en va

Le temps presse et la patience a ses limites
Le temps passe et la pression irrite
Le destin trace parfois des chemins qui se finissent en impasse
Les uns passent, les autres reviennent, les uns survivent, les autres trépassent

Elle tient le passeport de son sort entre ses mains immobiles
Et rêve en passe-muraille de s'envoler hors de ces murs stériles
C'en est presque devenu un passe-temps, l'atteinte du bonheur est parfois tenace
Elle reste persuadée qu'elle finira par en découvrir le mot de passe

Aujourd'hui je l'ai recroisé encore un peu par hasard
Sur son visage, un changement il me semble avoir décelé

Mots d'esprits

Lorsqu'elle me sourit enfin, j'ai compris qu'elle n'était plus aussi esseulée
Le ventre rond, en passe de devenir une mère, rien n'est jamais trop tard

L'idée passe et repasse
Un petit tour et puis s'en va...

Damien Khérès

LA COLÈRE EST UNE INTEMPÉRIE

Les idées noires en fusion bouillonnent
En un magma d'effusions contenues
La patience et l'espoir s'abandonnent
A une émotion déconvenue

La colère est une intempérie
Une éruption violente
La colère est une hystérie
Une irruption démente

Les foudres d'un caractère impétueux
Emporté par de vils étincelles de vie
Assombrissent d'un ciel nuageux
Les parcelles des raisonnables envies

La colère est une intempérie
De l'orage dans les yeux
De la rage dans les cieux
La colère est une violente pluie

Les tempêtes incomprises
Parsemées d'éclairs
Révèle une nature en crise
Qui cherche à se satisfaire

La colère est une intempérie
Très souvent passagère
Juste avant l'éclaircie
Des sentiments découverts

Mots d'esprits

A CORPS ET À CRI

Ils se sont aimés chaque jour
A corps et à cri
Ils se sont écrits
Des promesses d'amour

Un besoin accru de l'un pour l'autre
Où chacun est accroc de l'un pour l'autre
L'avenir ne semblait plus illusoire au creux de leur nid
Ils ont construit leur histoire au gré de leurs envies
Ils ont créé des liens sacrés
Autour d'une perle nacrée

Et un jour des secrets, un drame, des accros, des cris
Des amants à cran, une trame tragique, encore un drame
d'écrit
La base d'une relation ancrée solidement dans le concret
S'est écrasée soudainement par un violent décret

La craie écrue
De leur cœur épris
A peu à peu disparu
De leur destin écrit
Le tableau d'écrin
De leur alliance se met à nu
Et ne s'inscrit plus
Qu'avec un lointain mépris
Ils n'auraient jamais cru
En arriver ici
Faut croire qu'un amour décru

Damien Khérès

N'est jamais prescrit

Ils se sont écrits
Des promesses d'amour
Ils se sont aimés chaque jour
A corps et à cri
Le bonheur divin auquel ils avaient cru
Est désormais rompu par un accord écrit

LE VIEIL HOMME ET L'AMER

Seul, dans son grand appartement
Où autant d'espace n'est plus vraiment nécessaire
Le vieil homme marqué par le temps
A survécu aux drames de la guerre
Mais les douleurs éphémères infligées à la chair
Ne sont rien face au cher tribut payé, suite au mal subi d'êtres chers

Aujourd'hui le temps est maussade, il pleut des trombes d'eau
La vieillesse aigrie l'a cloîtré dans un tombeau
Sa famille, pour le voir, ne fait plus aucun détour
A l'ombre des siens, il maudit ses vieux jours

Pris malgré lui au cœur de relations complexes
Il se définirait comme quelqu'un qu'on vexe
Dans un espace concave
Et au lieu de relayer sa fierté à la cave
Elle est l'accent circonflexe
Sur sa tête aux accents graves
Et aux rides convexes

C'est curieux parfois les histoires de famille
Elles partent souvent de rien et se finissent en vrille
Le plus dur dans tout ça c'est que ceux qui se vautrent et qui en pâtissent
Sont toujours ceux qui ont le plus besoin des autres
Et ne supportent pas d'être sorti de scène pour les coulisses

Damien Khérès

A présent le vieil homme regrette et se souvient des joies d'antan
Il ne revoit ses enfants que dans le rétroviseur du temps
Un passé composé de souvenirs, un présent vide, un futur inexistant
Se contraindre à rester seul simplement par orgueil c'est embêtant

Alors le vieil homme tombe
Isolé dans un mausolée désolé
La tristesse lui incombe
Une lente descente dans les catacombes
D'un destin lésé
Comme une hécatombe
Au creux d'une crypte de relations cryptées
Il ne s'agrippe plus et tombe de haut
Les deux pieds dans la tombe

Aujourd'hui le temps est maussade, il pleut des trombes d'eau
La vieillesse aigrie l'a cloîtré dans un tombeau

Mots d'esprits

LES 4 ÉLÉMENTS

PORTRAITS

HÔTESSE DE L'AIR

On entend des propos honteux
Disant qu'elle aime s'envoyer en l'*air*.
Tout ça parce qu'elle est célibataire
Et qu'aux fesses elle a le *feu*.
Plutôt gaffeuse et parano,
Elle ne perd jamais une occasion de se *taire*.
C'est une rêveuse éphémère
Dont les plans tombent souvent à l'*eau*.

POLITICIEN AUTORI-TERRE

Il est un de ces êtres
Qui lancent des paroles en l'*air*
Et n'hésite pas à mettre
Ses adversaires plus bas que *terre*.
Politicien véreux
N'a pas peur de se jeter à l'*eau*.
Il flatte son ego
Et oublie qu'il joue avec le *feu*.

Damien Khérès

ARTISTE AU FIL DE L'EAU

Il se distingue par son comportement,
D'avoir toujours la tête en l'*air*.
Il porte souvent les mêmes vêtements
Et peut parfois être terre-à-*terre*.
Mais ce qui en fait son charme heureux,
C'est qu'il nage entre deux *eaux*.
Le monde appartient à ceux qui rêvent trop
Est une devise qui fera long *feu*.

POMPIER MAÎTRE DU FEU

Un caractère fort faisant l'écho
D'un tempérament de *feu*
Fait qu'en toute circonstance il est courageux
Et garde la tête hors de l'*eau*.
Apprécié comme il se doit
Car il a les pieds sur *terre*.
Il est tout ce qu'il y a de plus droit
Et n'en a pas seulement l'*air*.

LA VIE

L'AVANT : ORIGINE

Des poussières d'étoiles arrivées sur la *terre*
Ont peuplé une nouvelle planète encore en *feu*
Après une longue traversée du cosmos à travers les *airs*
La vie a enfin éclos grâce à l'apparition de l'*eau*

LE PENDANT : EXISTENCE

Le corps composé principalement d'*eau*
Se nourrit des fruits de la *terre*
Et respire à pleins poumons son *air*
Tout en craignant les dommages du *feu*

L'APRÈS : MORT

Notre corps n'étant plus, se vide de son *eau*
Devient cendres comme consommé par le *feu*
Et nourrit à son tour en repartant à la *terre*
Pour laisser l'âme cette fois-ci traverser les *airs*

Damien Khérès

CONTREPOIDS

L'époux vante son épouse énorme
Dont il dit avoir épousé les formes
Aux normes de l'épouvante
Pour lui, l'embonpoint est un bon point
Même si l'énorme dépasse les normes
Le poids hors norme déshonore moins
Témoin d'un désir aux formes émouvantes

ENTRE CHATS ET CHIENS

Ce jour-là, il promenait son chien le long des réverbères
Elle emmenait son chat chez le vétérinaire
C'était un matin d'été et malgré la saison, il faisait un temps de chien
Ils se sont croisés dans cette rue où il n'y avait pas un chat, elle s'appelait Luce, il s'appelait Georges
D'une allure élégante, elle était de ces filles qu'on dit avoir du chien
Il en a été ébloui et l'a accosté d'une voix éraillée : il avait un chat dans la gorge
Voilà une histoire imprévisible, arrivée comme un chien dans un jeu de quilles
Et qui après tout, appelons un chat un chat, ne fut autre qu'un coup de foudre entre un gars et une fille

Après quelques temps, leur passion s'en est allée
Ils avaient enfin découvert leur véritable personnalité
A son grand regret, il avait un mal de chien à s'exprimer
Il n'y avait pas de quoi fouetter un chat mais elle ne pouvait l'accepter
Il ne la supportait plus, elle avait un caractère de chien
Et n'avait que faire de lui, elle avait d'autres chats à fouetter, sauf peut-être le sien
Quand ils se croisaient désormais, c'était pour se regarder en chiens de faïence
Comme un chat noir porte malheur, leur union avait pourri leur existence
Ils vivaient une vie de chien qui ne semblait plus avoir de sens

Damien Khérès

Chat échaudé craint l'eau froide, surtout quand l'ambiance est glaciale
Alors pour rompre les chiens, ils se sont quittés à armes égales
La solution était évidente, pas besoin de donner sa langue au chat
Il est reparti avec son chien, elle s'en est allée avec son chat

Une chose est sûre, l'homme et la femme sont faits pour s'entendre comme chien et chat
Ce qui n'est pas prêt de changer car les chiens ne font pas des chats

Mots d'esprits

RÉFLEXIONS TEMPORELLES

Il fut un temps où bien vivant j'avais peur de mourir
Aujourd'hui je suis mourant et je n'ai plus peur de vivre

***

Très jeune, on cherche toujours à se vieillir
Puis plus tard, on cache son âge
Pour finalement chercher à se rajeunir
Comme une nostalgie d'un temps volage

***

La patience, le temps l'adule
Le temps l'absorbe comme un tentacule
Je patiente, calme et tempéré
Au royaume d'un temps pérenne
Au temps des fois sereines
Parfois indemnes comme moi

***

Si le temps passe trop vite et que les douleurs s'estompent,
l'âme reste meurtrie

***

J'ai grandi au soleil avant que le temps ne se dégrade, il est
désormais pluvieux
Je crois que je n'aime pas l'idée de devenir plus vieux

Damien Khérès

***

L'espoir fait rêver depuis la nuit des temps
Et le rêve inspire car la nuit détend

***

Comme un chevalier en croisade
Vers un bonheur intemporel
Dont l'espoir semble vouloir se répéter
Je suis au centre d'une tornade perpétuelle
Qu'est le mystère des temps pliés

***

Le passé est histoire
Le futur est espoir
Aujourd'hui est un don
C'est pour ça qu'on l'appelle le présent

***

De temps en temps, le temps entend l'étendu de nos attentes
Le temps latent intente à détendre nos mésententes
Mais le temps est un charlatan
Devant qui personne ne prétend être omnipotent

***

Le temps fait de l'effet
Le temps fait défaut
Le temps nous défait de nos défauts
Le temps des fées, le temps des faux
Est en effet au moi-cachot, un parfait échafaud

Mots d'esprits

ZAPPING

0
En ces temps de crise, on m'a demandé de ne plus venir au bureau
De toute façon, je n'avais pas l'intention d'y retourner
Alors j'ai laissé tomber la chemise et mis mon pyjama fluo
Je vais enfin goûter à la tranquillité devant ma télé

1
Sur la première chaîne, le ton est donné autour d'un débat ridicule
Où les invités partagent leur défaut d'un intérêt minuscule
« Bonjour, je m'appelle René et je ne me lave qu'une fois par semaine.
Je sens mauvais mais devant vous j'assume mon hygiène »
Quelle déclaration, quel scoop et qu'est ce qu'on s'en fout
Merci d'être venu donner l'info. C'est sûr, ça valait le coup.

2
En mettant la deuxième chaîne, je crois tomber sur une télé surveillance
Mais ce n'est qu'une émission de télé-réalité, j'en reconnais la consistance
Je suis arrivé au bon moment, pile pour le résumé de la veille
C'est le moment que je préfère où le concentré de connerie me maintient en éveil
Si je ne trouve pas de travail, je pourrais toujours installer des caméras chez moi
Les gens pourront me voir glander. C'est sûr, ça marchera.

Damien Khérès

3
Sur la trois, voici un feuilleton qui doit être à sa 242e rediffusion
Dont l'intrigue est aussi prenante qu'une encyclopédie sur le linge de maison
Et les couleurs, elles ont l'air de s'effacer petit à petit avec les années
Faut pas s'étonner, à force de repasser la bande, elle finit par s'user
On n'a rien fait de plus récent en moins soporifique,
Où il n'y aurait que la sieste pour qui ça reste bénéfique ?

4
Avant de m'endormir, je passe sur la quatre : tiens voilà des pubs
Je me demandais justement ce dont j'avais besoin, ça m'évitera l'étude
Certains diront que de la créativité elles se font l'expression
D'autres affirmeront que ça entretient la société de consommation
Moi je sais juste que je ne vois pas le rapport de montrer une fille nue pour vendre des lunettes
Ça doit probablement être trop subtil pour moi et pour ma petite tête

5
Je change à nouveau de chaîne pour un reportage sur les gens riches, pleins aux as
Où on montre leurs difficultés à essayer de dépenser leurs grosses liasses
« Regardez, cet homme dépense 100 000 euros par seconde.
Il porte des sandales en or et a teint sa chienne en blonde. »

Mots d'esprits

C'est quoi le message quand la plupart des gens n'ont pas de fric ?
Vous dépenserez moins en conneries avec un bon vieux smic ?

−/−

J'arrête là mon zapping et j'éteins la télé sur-le-champ
J'ai pas l'impression que je trouverai quelque chose d'intéressant
Chercher un nouveau boulot sera plus constructif, croyez-moi
Je me suis toujours dit : « Aide-toi et la télé ne t'aidera pas ».

Damien Khérès

INCONSISTANCE ET CONSISTANCE

Inconsistance et consistance
Complément d'insistance sommaire
Persistance et décadence
Compliment aux stances éphémères
Le mot est maître de la substance
Où mettre des mots sur des émotions
Est admettre aux maux sa résistance
Sans compromettre sa perception
Car dans toutes les circonstances
Le verbe est le maître mot de l'expression

PEINE PERDUE

Il y a des événements inattendus qui perturbent nos esprits
Et nous blessent en notre chair,
Des irruptions tragiques dans notre vie
Qui nous bouleversent comme la perte d'un être cher.
Et lorsqu'on se rend compte que tout ne sera jamais plus comme avant,
Lorsque nos repères sont chamboulés à l'épreuve du temps,
Les souvenirs enfouis rejaillissent, brisent les barrages de la conscience
Jusqu'à inonder les pensées d'une profonde nostalgie.
L'apparition d'un lourd sentiment d'absence
Noie subitement ce qu'il nous reste d'énergie.
Des images d'un temps révolu nous submergent soudain,
Emportés par les flots d'un cortège de chagrin.

Le plus tragique dans une perte
C'est qu'elle nous fait réaliser la valeur de ce qu'on a perdu
Comme une plaie ouverte
Dont on a l'impression qu'elle ne se refermera plus.

Je livre ici ma peine car j'ai perdu un être cher
Qui n'est plus mais qui vivra dans mes souvenirs.
La valeur de la vie tient dans l'éphémère,
Auprès de mes proches je compte désormais en jouir.

Damien Khérès

SOTTISE

Il se méfie de la marchandise
Il l'analyse quoique le marchand dise
On n'est jamais trop prudent et il ne pense pas qu'on le contredise
Une approche surprise et concise d'un adepte en chemise
En prise d'une technique précise
A l'emprise sur les individus qu'elle vise
Il avise les acteurs et attise les rumeurs
Il ravive les tumeurs et déguise les humeurs
Dans la ville, il pactise pour que les rues meurent
Egoïstement, le politicien cotise pour son propre labeur

MALAISE GÉOMÉTRIQUE

Comment une ligne peut-elle avoir des courbes tout en se tenant droite ?
C'est pourtant ce que les femmes veulent
Et que dire de ces traits carrément ronds dans beaucoup de cercles masculins ?
Où les hommes sont manifestement veules
Ce n'est pourtant pas ce que les femmes veulent
Malaise géométrique pour des formes oniriques
Messieurs, dames, soignez vos formes
Et restez sympathiques !

Damien Khérès

TROUBLES

Une obscure pensée brouille les jours heureux
Une blessure pansée à l'ombre d'un aveu
Celui de ne pas maîtriser ses actes répétés
Sous l'emprise d'un spectre inavoué

La honte sous-jacente d'une nature enfouie
Sous les affres d'un malaise perturbant
Tire un trait cassant par une rature inouïe
Et transgresse l'être en le meurtrissant

L'égarement dissémine au creux des plaies
Aux stigmates encore visibles
Une nouvelle douleur imposée
Et nuisible car presque imperceptible

Pourquoi renoncer à ses intimes faiblesses ?
Elles se consument et consomment l'ardeur
Du noble éveil de ses infimes hardiesses
Où en somme, sommeillent les peurs

Si l'abandon de l'inné domine le comportement
Aux fins d'un acquis inaccessible
Il menacera le morne avènement
D'une âme à la santé sensible

FRAGILE ADOLESCENCE

La pile grandit, tapie dans un coin, bien rangée dans son antichambre
Les magazines s'entassent, elle les dépile avec soin, retirée au fond de sa chambre
Les pages regorgent de silhouettes aux formes élancées,
Triées parmi des milliers de candidates
Ce qu'elle ne sait pas, c'est qu'elles sont toutes retouchées
De la forme des pieds à l'arrondi des omoplates

Elle s'abreuve et se gave de ces images faussées de modèles dégrossés
Dans son esprit, ses références se dessinent,
Se figent sur des critères esthétiques sournoisement rehaussés
Elle confie ses vœux en sourdine,
Voici l'apparence à atteindre, voici son souhait secrètement exaucé

Les pages défilent
Imprimant ses images subtiles
Dans un recoin fragile
De sa conscience au jeune âge.
La perception déroule ses fils
Et tisse le mirage puéril
D'un bonheur basé sur l'aspect futile
D'une beauté volage.
La télévision, les pubs placardées sur les murs des villes
Relayent le même message habile :
« Pas de place pour toutes les filles,

Damien Khérès

Si t'es pas dans les normes, t'a plus qu'à rester en marge ».
Ses fondements intimes bouleversés
Par ce matraquage de société
Lui insuffle une quête stérile
A l'ombre de sa personnalité

Elle n'est encore qu'une adolescente,
Les émotions à fleur de peau
Elle est encore innocente,
Et voudrait déjà changer de peau

Comment peut-elle ressembler à toutes ces meufs des affiches ?
Elle pense que c'est l'exemple et que tout le reste on s'en fiche
Le mal-être s'est emparé d'elle, elle ne s'accepte plus
Elle livre un combat avec son corps qu'elle considère comme un étranger
Elle est pourtant belle mais peut-être un peu trop ingénue
Sa santé se détériore, elle va jusqu'à se mettre en danger
L'influence de l'apparence l'obsède,
C'est désormais une lutte personnelle
Contre toute attente, ses parents concèdent
Que leur petite fée s'est brûlée les ailes
A trop vouloir ressembler à des icônes de la mode
Leur enfant s'est égaré dans un triste épisode

Elle n'est encore qu'une adolescente,
Les émotions à fleur de peau
Elle est encore innocente,
Et voudrait déjà changer de peau

Sa vie comme celle de ses proches
Prend un abominable arrière-goût.
Tel un fantoche, elle renonce à tout,

Mots d'esprits

Persuadée qu'elle est moche
Elle s'accroche désespérément à un combat
Contre les milligrammes en trop,
Armée de ses deux doigts,
Et d'une sévère phobie du gros
Prise dans un tourbillon, elle se rapproche du fond
Dont la finalité la condamnerait à n'avoir plus que la peau sur les os
Comment arrive-t-on à ce point à se renier ?
Comment peut-on aller jusqu'à croire que manger est un péché ?

Elle n'est encore qu'une adolescente,
Les émotions à fleur de peau
Elle doit éviter la descente,
Croire à l'avenir loin des maux

À son âge, on est influençable
Et si le mal s'installe on se laisse prendre au jeu
Un jeu dangereux mais friable
Où se cache encore l'espoir des jours heureux
L'amour de sa famille fut le plus fort
Face au malaise juvénile
Son entourage a rompu le sort,
Elle s'en sort sans péril

Elle n'est encore qu'une adolescente,
Les émotions à fleur de peau
Elle a remonté la pente,
La petite fée a retrouvé son château

Damien Khérès

LES ADULTES ERRENT

Relations lamentables des amants en douce
Où se confondent l'amour et la haine,
Où se côtoient des aimants qui s'attirent et se repoussent,
Aimant et haïssant comme des âmes en peine,
Où les amants peinent, l'âme aux trousses.
Goût amer et méfaits des effets calmants et pérennes
D'un mauvais traitement au lait d'amande douce.

Avènement du règne de la menterie,
Elément parasite dégradant,
Quand l'amant trie et recycle ses sentiments tristes
Tandis que l'amante rit aux prétendants.
L'âme en tri aux encombrants,
La maîtresse songe et ment,
Le maître ès mensonge est amant
D'un songe obsédant.

L'amour éteint teste les amants.
La fin de l'amour est un décès de l'âme,
Couché par testament,
Où l'adulte erre constamment,
Muni de larmes
Et tenté par l'adultère consentant.

Mots d'esprits

L'UN ET L'AUTRE

L'un est naît dans un berceau doré
D'une famille à l'ombre du besoin
L'autre a vu le jour dans un écrin décoloré
A la clarté des dangers orphelins

Enfant, l'un nageait dans l'opulence
Et ne se voyait jamais rien refusé
Tandis que l'autre coulait dans l'innocence
Vers des lendemains désabusés

Puis, l'un a suivi un chemin gracieux
Loin de toute crise identitaire
Quand l'autre se battait pour deux
Tâchant de construire ses repères

L'un a repris les affaires paternelles
Moins par choix que par complaisance
L'autre survit de bouts de chandelles
Et reste digne face à l'absence

L'un amasse des millions et en veut toujours plus
Son existence se résume à décrocher les bonus
Eternelle poursuite d'un idéal creux et inatteignable,
Triste vie fastueuse au goût infâme et fade
D'un avare affamé essuyant les dégoûts d'une femme

L'autre n'a rien et pourrait pourtant tout partager
C'est avec les autres qu'il vit et non pour son propre intérêt
Malgré un destin difficile, l'esprit construit ses liens

Damien Khérès

Sur un bien-être docile et suggère de vivre sain
Loin de tout dessein futile, épicurien, il se contente des petits riens

Sempiternelle insatisfaction d'une quête matériel
Contre la simplicité des relations humainement essentielles
Le monde des insatiables envieux
Face aux appréciateurs des aléas
Le bonheur n'est pas de voir ce qu'on veut
Mais de voir ce qu'on a

BRÈVES DE COMPTOIR

MAUX

« Ce sont des mots doux
_ Ce sont des maux d'où ?
_ Non, des mots doux
_ Mais des mots d'où ?
_ Des mots de cœur
Contre les maux de cœur »

JUSTE MILIEU

« T'es de gauche ?
_ Je ne suis surtout pas à droite.
_ Ah bon ? T'es maladroite ?
_ Non, je suis plutôt gauche mais pas maladroite
_ Ah d'accord. T'es pas gauche mais mal à droite »

FRACTURES

« Nous avons rompu
_ Aïe. Et toi ça va ?
_ Non, je suis cassé
_ Oh, tu étais déjà un peu fêlé
_ C'est pas drôle, j'ai le cœur brisé »

LE MONDE

« Tu lis Le Monde ? Moi je le parcours.
_ Moi aussi, je l'ai justement parcouru ce matin. Je n'y ai vu que des catastrophes.
_ Tu n'as pas du voir les même choses que moi. Crois moi, le monde est beau. »

DIÈTE

« T'as pas vu que j'avais minci ?
_ Mince ! J'avais pas remarqué... »

CONSEIL PATERNEL

« Ne sois pas méchant petit, les grandes personnes s'en chargent »

LA BELLE ET LA BÊTE

Quand elle m'a dit "Je me fais la Belle"
Je me suis senti Bête

VIDES

« J'ai un petit creux
_ ...
_ Quoi ?
_ J'ai un gros trou »

L'EXPATRIÉ

Ce n'est pas un manque de tact
Mais il en est presque gênant d'avoir à s'expliquer quand on me demande d'où je viens
Je n'ai pas de réponse exacte
Car comme tout enfant d'expatrié, je suis d'ici, d'ailleurs, j'ai vécu là, j'ai vécu loin

Et après tout, pourquoi nos origines ne se limiteraient qu'à un seul lieu ?
Et quel est vraiment le sens de cette question ?
En sachant l'origine d'une personne, croit-on la connaître mieux ?
Ou ce n'est qu'une formule polie trop générale refusant toute précision ?

Peu importe le lieu ou l'on naît, ou celui où l'on vit
Car ce qui forme notre personnalité, ce sont les lieux où on a grandi
L'enfant comme une éponge se nourrit de son environnement
Et comme un songe l'assimile inconsciemment

Petit, j'ai quitté la France vers une destination haute en couleur
J'ai grandi quelque part en Afrique pendant quelques années de bonheur
Je suis parti un peu jeune pour savoir ce qui m'attendait
J'étais à la fois inquiet, interrogatif et plein de bonne volonté
Je me méfiais des préjugés auxquels j'essayais de ne pas prêter attention

Damien Khérès

Certains pensaient même que je partais vivre dans une case parmi les lions

Partir loin dans l'inconnu, loin de ses habitudes, loin de sa culture
Est certes une épreuve difficile, une improbable aventure
Mais je n'ai pas eu vraiment le choix, j'ai simplement suivi mes parents
Sans même croiser les doigts, je n'étais encore qu'un enfant

A cet âge-là, l'esprit ne connaît pas les idées préconçues
Il est naturellement avide d'expériences méconnues
C'est à cet âge-là qu'on vit peut-être les choses pleinement
Car on s'adapte au monde sans forcément porter de jugement
C'est aussi à cet âge-là que là-bas j'ai découvert la pauvreté
On a beau en entendre parler ou la voir dans les films
Mais lorsqu'elle vous explose au visage, là sous votre nez
On n'imagine pas la sensation de malaise intime
Mais l'être humain est coriace et s'habitue à tout
Il finit par trouver sa place et s'accommode malgré tout
Alors je me suis fait à l'idée sans être tragédien
Cela faisait désormais partie de mon quotidien

Au milieu de tout ça, moi, je n'étais pas à plaindre
J'avais été projeté dans une situation plutôt confortable
La vie d'expatrié n'est pas à craindre
Elle comporte quand même des avantages non négligeables
Et puis je me suis imprégné d'une culture étrangère
Qui peu à peu devenait une atmosphère familière
Avec le temps, on finit toujours par trouver ses repères
J'avais fait de la France ma résidence secondaire

Aujourd'hui, je suis loin de cette vie, de retour dans mon pays
Mais je pense souvent à ces années vernies, l'air ravie

Mots d'esprits

Les rencontres, les lieux, les expériences et les émotions ressenties
Ont gravé des souvenirs qui m'ont réellement enrichi
Maintenant je me rends compte d'avoir eu une véritable chance
J'ai la secrète impression d'avoir vécu une autre existence

Alors c'est vrai je suis français, mais pas né en France,
J'ai vécu en Afrique et je ne sais pas trop d'où je suis
Ancré surtout dans mes pensées, plus que dans mes appartenances
J'ai un esprit moins critique et plus ouvert aujourd'hui
D'une intarissable envie de découverte et de voyage, je vagabonde
Je me sens plutôt comme un simple citoyen du monde

Damien Khérès

MASCARADES

Elle masquera au mascara toutes ses mascarades
Mais casquera un jour pour ses sérénades
Laissant des alcooliques aux sentiments avec des flasques en rades
Elle joue avec les sensibilités et tire sur les ficelles de l'émotion
Détachée et impassible à toute forme de passion
Feindre de geindre
Comme pour atteindre une facette qu'elle cherche à dépeindre
C'est contraindre l'autre à la plaindre et l'étreindre
Pour enfreindre les lois du cœur
Sans la moindre rancœur

Elle se protège en raison d'un traumatisme émotionnel
Derrière une émotion de censure
Pour un remaniement irrationnel
De sa perception
Dissimulant une commotion
Et une profonde blessure

Mots d'esprits

UNE AFFAIRE DE CHAT

La châtelaine chapeautée sortit de son château
Accompagnée de son chat tôt aujourd'hui
Elle fit quelques achats
Même pour son chat
Qui lécha les vitrines
Comme les chats de magazine
Un artiste chamarrant sa toile
Et dessinant à l'eau un faux chat
Attira l'attention du chat marrant royale
Qui faucha son pinceau
Et scotcha le peintre dans un pépin sot
Elle triturait nerveusement son chapelet
Son pacha se chamaillait maintenant avec un chat pelé
Elle rendit visite au charcutier et au charpentier
A qui elle devait chacun un denier
Elle croisa ensuite le chapelain
Qui n'était autre que le frère du châtelain
Celui-ci les chargea sur sa charrette
Et les charria jusqu'au port, le chat dans ses gambettes

Ils s'installent dans une chaloupe
Et balayé par le vent, s'envole le chapeau dehors
Que le chat loupe
Le bateau sans houle
Chavire et le chat vire par dessus bord
Le chat se débat, le chat cale et le chat coule
Le coeur de la châtelaine battit la chamade
Le chagrin mit fin à sa ballade
Fin du chapitre

Damien Khérès

Et mort du chat pitre

Un jour, un chanoine repêcha la charogne d'un chat noir
C'était un chartreux qui fut jadis le chat heureux de la châtelaine
Il émit un charabia à le voir
N'espérant pas ça dans ses bas de laine

A trop chaparder,
Elle eut son chat perdu
Il aurait mieux valu
Qu'elle le fasse châtrer
Depuis, elle a bien maigri la pauvre fille
Elle pourrait passer dans le chas d'une aiguille
Et après ça, elle fit vœu de chasteté,
C'est décidé, elle n'aura pas de chat c't été

Mots d'esprits

PREMIÈRE RENCONTRE

C'est fou ce que son regard a pu le laisser hagard
La première fois qu'ils se sont vus, là, sur le quai de la gare
Un regard perçant jeté à son égard
Comme on jette un sort, un coup de Trafalgar

Il allait ce jour-là rejoindre la côte
Mais la vie lui a offert un tout autre sort
Cette rencontre digne d'une anecdote
Est restée gravée dans son esprit, écrite en lettres d'or
La scène aurait pu paraître ringarde
Deux êtres plantés là cherchant leur regard,
Mais ils avaient trouvé l'étincelle et oublié leur retard
Qui annonce une vie belle et éteint celle qui semblait illusoire

Gare
Regard
Retard
Rencard
Couchés tard

Quelques années plus tard,
La même étincelle est restée dans leur regard,
Faut croire que leur rencontre en valait vraiment le détour
Ces deux-là ne se sont plus quittés depuis ce fameux jour

Regard
Rencard
Se revoir
S'émouvoir

Damien Khérès

Une belle histoire

Parfois le destin nous surprend
Et jette sur nos chemins des hasards troublants
Comment savoir qu'une rencontre a de l'importance ?
Quand tant d'autres ressemblent à de simples coïncidences

Gare
Regard
Retard
Une belle histoire
Hasard ?

On n'est jamais assez prudent sur ce qui peut nous arriver
Et on peut ne pas croire à une rencontre même si on l'a rêvée
Le destin provoque l'instant, le moment décisif
Un hasard sans équivoque qui reste peu de chose si on n'est pas attentif

La peur de l'inconnu nous envoie dans nos retranchements
Et étouffe la confiance en la spontanéité de nos sentiments
Optimisme ne rime pas forcément avec utopisme
Il est juste de bon de s'abandonner parfois au romantisme

Regard
Retard
Hasard ?
Non, avares
Et pleins d'espoir

MOTS DOUX

ANNIVERSAIRE

C'est avec une grande émotion que je te souhaite aujourd'hui
Un joyeux anniversaire de quelques années d'amour
Cela semble n'être qu'une petite période de notre vie
Mais c'est aussi les prémices de beaux jours
Nous voici maintenant sous l'emprise de la maladie
Celle qui fait apprécier la musique aux sourds
T'as bien fait de m'accepter dans ton lit
Je réchaufferai ta nuit pour toujours

AIMANTE PENSÉE

Quoi de plus naturel
Pour un amant passionné
Que d'offrir à sa belle
Ses aimantes pensées
Aujourd'hui comme tous les jours
Est une journée un peu spéciale
C'est un jour que notre amour
Ne rend vraiment pas banal
Avec toi, j'aime la vie
Car de toi, je suis épris

Damien Khérès

UNE FOIS N'EST PAS COUTUME...

Une fois n'est pas coutume
L'encre fine de ma plume
Déverse quelques douceurs
Pour toi mon âme sœur

Une fois n'est pas coutume
Révéler ce qui me consume
Au creux d'un poème
C'est aussi dire « je t'aime »

Encore une fois je déclame
Mon amour dont nos âmes
Porte désormais le costume
Car une fois n'est pas coutume...

RE : BONNE JOURNÉE

Mon amour,
Merci pour ce joli message
Quoiqu'un peu court mais sage !
Moi aussi je te souhaite
Une très belle journée
Pas de clairons, ni de pouet-pouet
Seulement une pensée
D'un pseudo poète
A sa muse bien-aimée !

APAISEMENT

Ta douce pensée m'emplit le coeur de bonheur
Et fait disparaître la rancoeur que j'avais ce matin de bonne heure
La soupe mitonnée par ton amour ce soir je raterai
Mais ne t'inquiète pas ma dulcinée, je me rattraperai...

Damien Khérès

DES HAUTS ET DÉBAT

Dans la vie, il y a des hauts, des bas
Pour certains, plus de hauts que de bas
Pour d'autres, plus de bas que de hauts
La vie est comme ça, c'est un long débat
Chacun peut avoir ses propres idéaux
Même avec des idées basses
S'élever est un combat
Où se faire une place
Peut être un adversaire qu'un con bat
Si tu l'affrontes dans un rodéo
Tu danseras la samba
Et tu garderas la vidéo
De tes glorieux ébats
Et à quoi bon lutter seul de sitôt
Dans un veule célibat
Car du bonheur atteindre le haut
Est aussi une affaire de coeur s'il est bas
Dans la vie, il y a des hauts et des bas
Les envies d'idéaux font débat
L'avide du haut se débat
Mais est vide et hautain ici-bas

INTROSPECTION

Il y a en moi des forces que je ne maîtrise pas
Des vents contraires qui menacent ma frêle esquisse
Des intentions orageuses infiltrent les miennes et ne m'appartiennent pas
Je poursuis un axe désordonné sur celui de mes abscisses

Introduction
De mes exactions
Exécution
De mes options

Intronisation
De mes exhortations
Expression
De mes intentions

Introspection
De mes pulsions
Extraction
De mes émotions

Damien Khérès

ALLITÉRATIONS CONTRE NATURE

La part de torpeur d'un empire vise l'export impur
A part avoir peur du pire, mon transport est pur
Je pars sans stupeur et inspire l'apport d'épure
Par vapeur je respire, un triste rapport suppure

On démarre la tumeur pour vomir des remords mûrs
L'amarre d'une clameur est prête à gémir et se remémore face à l'amure
Le tintamarre des rumeurs ne peut rendormir l'oxymore des murmures
Marre des plumeurs qui admirent leurs morts face au mur

A l'instar d'un bienfaiteur martyr le tort dure sous la torture
Plus tard à toute heure la satire instaure l'imposture
Un avatar destructeur semble engloutir une pléthore d'investitures
Le retard causé par des menteurs s'étire à tort contre nature

PARANOÏA

Avant, il ne savait pas...
Il vivait serein, la tête dans les étoiles, assis sur un nuage
Protégeant ses reins du voile d'un confortable mirage
Il ne savait pas toutes les choses qu'il sait maintenant
Il ne connaissait pas la vérité et son visage terrifiant
Il ne savait pas...

Naïvement, il vivait une vie plutôt normale
Avec tout ce qu'on pouvait espérer avoir
Il croyait avoir atteint un certain bonheur banal
Jusqu'à ce qu'il retrouve la capacité de voir
De voir l'inconnu et ce que le monde vaut véritablement
De voir et comprendre les arcanes d'un système dément

Aujourd'hui, il croit tout savoir
Il voit chaque évènement comme le fruit d'une machination machiavélique
Plus de place pour un quelconque espoir
Il constate amèrement les bruits d'un silence diabolique

Alors jaillit le sentiment de n'être qu'une victime
Redoublé d'un aveu d'impuissance
L'intensité est telle que partout il voit le crime
Et croule sous une nature en déshérence

Son comportement tourne maintenant à l'obsession
Tout est prétexte à être analysé, décortiqué, interprété
Pour permettre à son mal-être de soulager ses convictions
Et de priver son âme de la moindre joie pour de l'âpreté

Damien Khérès

Avant, il ne savait pas et vivait bien, l'esprit reposé
Aujourd'hui, il croit tout savoir, il croit tout comprendre mais à quel prix ?
L'ignorance n'est pas forcément synonyme de paix
La connaissance quelqu'elle soit se mérite, sans être subie
Le doute fait avancer dit-on
J'ai toujours aimé ce dicton
Mais seulement s'il est fondé
L'homme a toujours besoin d'espérer

Comment bascule-t-on ainsi dans de si ferventes croyances,
Qui empoisonnent l'esprit et tourmentent l'existence ?
Comment arrive-t-on à se contraindre jusqu'à en perdre la raison ?
Tout en se persuadant que le monde n'est qu'une conspiration

L'histoire ne dit pas comment cet homme a fini
Probablement rongé par les démons de ses pensées
Ses ambitions se sont à jamais ternies
Son destin a finalement perdu tout intérêt

Dans ce monde de doutes, chacun doit trouver sa place et évoluer
La vie est trop courte pour ne pas chercher à l'apprécier

Mots d'esprits

TERCETS HOMOPHONES

MÉLODIE

Cracher sa haine, refuser au mal de boire son hydromel odieux
Et embrasser l'amour avec la foi d'un avenir mélodieux
C'est espérer et accepter la vie comme un ange se mêle aux dieux

ENVIE

Boire la sève et prendre tout ce que l'on peut en retirer
Avide au désespoir jusqu'à en avoir les traits tirés
L'envie est à l'obsession ce qu'à l'ironie la satire est

CONTENTE

C'est à se demander parfois de quoi la vie se contente
Et ce qui fait qu'une personne n'est jamais vraiment contente
Comme si l'esprit était un frein au bonheur quoiqu'on tente

Damien Khérès

BONHEUR

Aux petites choses, l'essentiel est d'en être apprêté
Car le bonheur réside dans l'attention qu'on lui aura prêtée
Une douce force qui fera même passer les plus âpres étés

MENSONGE

Exploiter le mensonge est le comble du malhonnête
Ayant pour but de faire passer l'homme pour un animal honnête
La parole esclave reçoit d'une brute un salaire qui a mal au net

Mots d'esprits

SHOPPING AMOUREUX

J'ai entendu l'autre jour dans un dialogue voisin
Une phrase intéressante énoncée de bon cœur :
« L'amour c'est comme une vitrine de magasin,
Si tu ne la renouvelle pas, les clients vont voir ailleurs ».

Et c'est vrai que quand on regarde une vitrine
Et qu'on y voit quelque chose qui nous plait,
Ça donne envie, à s'en lécher les babines,
Et si c'est hors d'atteinte on finit par en rêver.
Cela dit, on peut aussi passer et repasser devant une boutique splendide
Sans jamais voir la beauté qui s'y cache, par comportement torpide
Et puis, ce coup de cœur, cette chose devant laquelle on s'extasiait,
Lorsqu'on finit enfin par l'avoir, on est tout excité, prêt à l'exhiber avec fierté
On veut tout de suite s'en servir.
On en prend soin, prêt à la chérir.
Puis cette chose finit par se faire oublier, on finit par s'en lasser
On la trouve trop petite, trop grande, plus à son goût, trop fade, usée.
Et elle finit dans un placard à attendre qu'on veuille bien la considérer.
Certains voudront alors s'en débarrasser ne voulant pas s'encombrer.
D'autres la garderont, on ne sait jamais, elle pourra toujours être utile,

Même s'ils trouvent mieux, ils préfèrent la garder au cas où ils changent d'avis.
Ni repris, ni échangé, et le corps changeant, le port de la chose se complique,
Alors d'autres encore tenteront de l'améliorer par quelques coutures esthétiques.

Quelques uns attendront les soldes d'une patience prolongée
Pour obtenir cette chose tant désirée, au rabais
Les soldes : cette période où les choses sont prêtes à se vendre au premier venu
Et où les clients sont prêts à acheter au meilleur prix vendu,
Période gorgée d'hormones commerciales de saison,
Diffusant à tout vent les phéromones de la consommation.
Mais quand l'objet de leur désir, qu'ils avaient patiemment attendu et convoité en secret,
A finalement cédé aux avances financières d'un client plus chanceux,
Ils se consoleront par l'acquisition d'un autre article, moins bon, moins apprécié
Mais qui assouvira leur esprit de conquête et comblera leur frustration d'envieux.

Terrible loi que celle du marché
Exigeant du renouveau pour toujours faire recette
N'a pas trouvé mieux pour garder son client honnête
Que la carte de fidélité !

Pour moi, le shopping ne m'intéresse plus
J'ai arrêté le jour où j'ai trouvé ma tenue
Celle qui me sied, celle qui me tient au corps
Celle que je porte toujours et encore
Maintenant, même s'il m'arrive de regarder les vitrines parfois
Je sais que ma tenue fétiche vaut mieux et qu'elle le restera

Mots d'esprits

EGO SYSTÈME

Le monde qui l'a vu naître était blanc
L'environnement de ses ancêtres a toujours été blanc
Un blanc pur qui s'étendait à perte de vue
Un monde vierge à l'équilibre bien prévu

Depuis son plus jeune âge, il a vécu des conditions hostiles que les siens étaient parvenus à dompter
Lui ne s'en rendait pas compte, c'était simplement sa vie, il s'était adapté
Aujourd'hui, il doit faire face à une nouvelle menace qui bouleverse son existence
L'équilibre de son monde est anéanti par des catastrophes qui lui semblent dénouées de sens
Pourquoi certains disparaissent ? Pourquoi son clan diminue ?
Pourquoi sa mère partie lui chercher à manger n'est jamais revenue ?
Pourquoi son royaume s'amenuise et se morcelle ?
Pourquoi d'autres s'épuisent et meurt noyés entre les parcelles ?

Les vaisseaux bruyants qu'il entend au loin sont peut-être une explication
Ils fendent les glaces et font probablement aussi fuir le poisson
Il a peur que son espèce devienne une espèce en voie d'extinction
Il n'a plus de repère et en perd tout espoir
Petit ours blanc n'espère plus et broie du noir
Son monde immaculé n'est plus aussi blanc qu'auparavant

Damien Khérès

Ce qu'il ne sait pas c'est qu'il ne tiendra pas jusqu'au printemps

Grand homme blanc au loin est fier, aux commandes de son brise-glace
Pour rien au monde il ne laisserait quelqu'un prendre sa place
Il a le sentiment d'être un explorateur en étant l'un des premiers à fendre ce continent
Et sourit d'être finalement le témoin d'un point positif du réchauffement

Grand homme blanc aime trop or noir
Il précipite petit ours blanc dans un trou noir
L'homme n'est pas blanc comme neige et devrait être noir de honte
Petit ours blanc ne vivra plus désormais que dans les contes
L'or noir fait disparaître l'ours blanc
L'homme moderne finit par tuer son environnement
Adieu nature, adieu aux écosystèmes,
Faites place à l'homme et à son égo-système

Les dérives des icebergs ne sont qu'une juste conséquence aux dérives économiques
Dont la partie submergée n'a pas encore été révélée
Mais si l'homme continue à se ficher de son contexte écologique
Par ses actes irresponsables, il finira condamné

Adieu nature, adieu aux écosystèmes,
Faites place à l'homme et à son égo-système

Mots d'esprits

INJUSTICES

Le cœur lourd et le pas ralenti
Il traverse le couloir, sa colère enfouie
Comment en est-il arrivé là ? Il se questionne
Son espoir est vain, ce monde l'abandonne

Pris au piège dans de tragiques circonstances
Il aurait voulu clamer tout haut son innocence
On en a décidé autrement plutôt à tort qu'à raison
La sentence est tombé : il finira en prison

...Injustice...

Off he goes round the corner
Wondering 'bout his life
And he knows what is the colour
The future ain't so bright
Will he go through the horror
Of this new rising night
And he knows what is the colour
The future ain't so bright

L'esprit embrumé d'un doute incertain
Il patiente dans cette salle et ronge son frein
Dans la force de l'âge, il a toujours vécu sainement
A l'ombre des craintes d'un triste évènement

Pourtant, c'est dans cette salle qu'il a entrevu l'enfer
Lorsque le médecin lui a finalement annoncé un cancer
Son destin tout tracé a brusquement volé en éclat

Damien Khérès

Le moral détruit, il ne lui reste plus que quelques mois

...Injustice...

Off he goes round the corner
Wondering 'bout his life
And he knows what is the colour
The future ain't so bright
Will he go through the horror
Of this new rising night
And he knows what is the colour
The future ain't so bright

Il arpente mollement les rues de son quartier
Errant comme un vulgaire va-nu-pieds
Il avait jadis une vie digne de ce nom
Aujourd'hui il a tout perdu, il n'a même plus de maison

La honte comme un poison le condamne aux soucis
D'une condition inhumaine à l'improbable survie
Le vieil homme à la santé fragile porte sa croix
Que va-t-il devenir quand viendra le grand froid ?

...Injustice...

Off he goes round the corner
Wondering 'bout his life
And he knows what is the colour
The future ain't so bright
Will he go through the horror
Of this new rising night
And he knows what is the colour
The future ain't so bright

Mots d'esprits

DÉSESPOIR ÉGOCENTRIQUE

Fatigué d'attendre j'en ai des cernes
Impatient de recevoir le prix qu'on me décerne
Je cerne mieux le sujet qui me concerne
Sur le devant de la scène, le pire concert ne
Serait qu'une mascarade où personne ne me discerne

Damien Khérès

VOYAGE, VOYAGES

Entrecouper sa vie de petits voyages et week-end
C'est écrire une page, un feuilleton en happy end
Partir à deux est un luxe amoureux
Qui rapproche et grave des souvenirs à deux

Un petit week-end loin comme une parenthèse au quotidien
Est un souffle, un instant de répit que l'on s'octroie sans prétention
Comme une fêlure dans l'espace-temps des habituels lendemains
Ils ponctuent un épisode de notre vie avec un point d'exclamation

Avec ma douce, le voyage est notre créneau
On s'enrichit et on s'y crée des souvenirs
Exporter notre amour et le voir mûrir
En une belle pousse, tel est notre credo

Mots d'esprits

SANS AILES ET SANS ÎLE

Ils avaient tout pour que cela fonctionne
Mais le destin fougueux en a voulu autrement
La confiance et le respect s'empoisonnent
Quand l'un déguise et l'autre ment

Elle délaisse tout espoir futile
Fut-il qu'il soit sous tutelle
Car elle accuse son côté infantile
Quand il côtoie son ennui mortel

Il ne fait pas dans la dentelle
Pour qu'elle ne cache son attrait mercantile
Mais il ne la mérite pas, dit-elle
Elle le trouve trop versatile

Anges déchus, amants défaits n'aimant plus
Ils s'en veulent et s'engueulent
Comme dans une passion révolue
De deux vieux ermites trop seuls

Il hésite encore à prendre asile loin d'elle
A prendre son envol subtil à tire d'aile
D'un rêve elle avait toujours été son modèle
Qu'il espérait en trêve quelques mots d'elle

Elle était belle mais loin d'être imbécile
Finis les malheurs conflictuels d'une femme docile
Son profond regard de cocker aux longs cils

Damien Khérès

Ne suffira pas à taire les souffrances les plus viles

Les sentiments se dissipent et se dénaturent, elle
Ne croit plus aux concessions surnaturelles
Loin du cœur, les amants désespèrent, il
Voue désormais leur relation au péril

Elle, reine de sa voie,
Lui, roi de sa veine
Réunis dans la foi
Comme dans la peine
Unis par la loi
Et plus qu' dans la haine
La passion s'enfuit quand le temps s'égraine
Et désormais que reste-t-il de leur éden ?
Des tonnes de joie sacrifiées pour quelques milligrammes de haine

Perdu, il n'est plus sous son « elle »
Echouée, elle a quitté son « il »

VARIATIONS

I

Je préfère rester chez moi, tranquille, et je suis fier de mon petit *bidon*
Ici, j'ai tout à disposition à quelques pas seulement c'est le *pompon*
De toute façon, j'ai rien à faire dehors, je me suis acheté une *parabole*
Le monde je le vois dans ma télé, je me sentirais presque au chaud, sous des *palmiers*
Ma quiétude reste quand même discrète, je ne l'affiche pas en *banderole*
Mais comme je ne vois personne, je la décris ici sur *papier*

***

Sa vie ne s'améliore pas, il a l'impression de vivre dans un *bidon*
Une situation décente lui semble hors d'atteinte, à la survie le *pompon*
Les politiciens continuent de mentir en ne parlant plus qu'en *parabole*
Il suffit de voir dans les manifestations les messages sur les *banderoles*
Dans sa prison dorée, l'élite s'abrite sous des *palmiers*
Et toise le bûcher dans lequel brûlent toutes ces maisons de *papier*

Damien Khérès

2

J'ai passé une soirée fabuleuse, peut-être parce que j'étais un peu *pompette*
J'ai rencontré une fille dont je ne me souviens plus le nom, seulement de ses *lunettes*
On a passé une soirée romantique à compter les étoiles du *ciel*
Je ne sais plus combien de fois je lui ai dit qu'elle était *belle*
Je crois qu'on s'est embrassé et caressé les *épaules*
Malheureusement j'ai du la quitter rapidement, le lendemain j'avais *école*

***

Ce soir, son mari alcoolique est encore rentré *pompette*
La gifle qu'elle a reçue a de nouveau fait valser ses *lunettes*
Il est loin le temps où il lui disait qu'elle était *belle*
La terre a tourné, elle ne vit plus sous le même *ciel*
Elle a longtemps rêvé pouvoir le menacer, le fusil à l'*épaule*
Demain elle partira après avoir récupéré ses enfants à l'*école*

3

Le jardinage n'est pas vraiment mon truc mais je prends souvent des *râteaux*
Et je ne roule jamais de pelles, alors il faut que je me jette à l'*eau*
Je vais faire des efforts et me donner des coups de *bâton*
La drague n'est pas mon fort mais je ne suis pas difficile, je pourrais vivre avec un *thon*
J'en peux plus, je voudrais quelqu'un avec qui me rouler dans l'*herbe*
Et qui penserait que ma vie n'est pas seulement qu'une grande *perte*

***

Je me souviens de mes vacances à la mer où on partait pêcher le *thon*
Où on profitait de la moindre occasion pour se jeter à l'*eau*
Je me souviens aussi des vacances à la montagne où on allait marcher, aidés de nos *bâtons*
Où j'aidais à nettoyer le jardin, armé de grands *râteaux*
Aujourd'hui je suis nostalgique des moments vécus à la plage et dans l'*herbe*
J'ai l'impression qu'un vide s'est creusé, comme une grande *perte*

Damien Khérès

4

Il ne m'arrive que des soucis en amour, mais cette fois c'en est *trop*
Je savais bien que je n'aurais jamais du accepter en cadeau ce *vélo*
Elle voulait que je me mette au sport mais elle ne m'avait pas dit pour le *caillou*
Celui que je me suis pris dans les roues et dans la tête un gros *trou*
C'est promis, c'est la dernière fois que je roule un *patin*
Demain, je renonce aux femmes et je me fais *marin*

***

Ils s'aimaient comme des fous mais ce soir là il avait encore bu comme un *trou*
Dans un élan romantique, il avait jeté à la fenêtre de sa belle un *caillou*
Mais s'était trompé de cible et avait brisé un carreau de *trop*
Des choses comme ça, ça ne s'oublie pas, c'est un peu comme le *vélo*
Alors quand il rentra de ces longues années en mer où il fut *marin*
Sa première envie fut de la retrouver et de l'emmener faire un tour de *patin*

Mots d'esprits

MENTEUR INVÉTÉRÉ

Pourquoi as-tu toujours été aussi têtu ?
T'es-tu demandé pourquoi l'étais-tu ?
Et pourquoi tu as plu le jour où tu t'es tu ?
Pourquoi t'es-tu terré derrière toutes tes théories,
A déblatérer des absurdités au risque de t'entêter
A répéter une vérité altérée ?
T'étais-tu interrogé sur tes attraits très limités
De ne traiter que ce qui a trait à ta crédulité agitée
En cherchant à l'imiter ?
T'es-tu demandé pourquoi étais-tu aussi obtu ?
Inventer des vertus contestées derrière lesquelles tu te substitues
Si tu t'entêtes, te mènera jusqu'à ce que le tort te tue.
Raconter des propos étêtés de toute vérité,
C'est promettre l'éternité à des athées
Qui à tes mots n'ont jamais prêté intérêt.
Intérêt éthéré dans l'ignorance aéré,
Déterré de nombreuses absences à errer.
Réitérer serait te terrer
Face à une foule atterrée qui te verrait enterré.
Alors pourquoi te tairais-tu ?
Car personne ne voudrait d'un menteur invétéré aussi têtu.

Damien Khérès

PLONGE

Plonge
Dans tes fantasmes et prolonge
L'idéal optimiste de tes songes
Réalise enfin les aspirations qui te rongent
Allonge
L'espoir effronté d'un songe
Absorbe-le et éponge
Déboires injustes et mensonges
Plonge !

Du même auteur :

Brouillon(s) de vie(s), ISBN 978-2-304-02024-3,
éditions Le Manuscrit ©2008

Site internet de l'auteur : www.damienkheres.com